AUFMERKSAMKEIT SCHÄRFEN / KLASSE 5 - 10
Mit allen Sinnen bei der Aufgabe!

2. Auflage 2024

© Kohl-Verlag, Kerpen 2021
Alle Rechte vorbehalten.

<u>Inhalt</u>: Roswitha Wurm
<u>Coverbild</u>: © Asier - AdobeStock.com
<u>Redaktion</u>: Kohl-Verlag
<u>Grafik & Satz</u>: Kohl-Verlag/Simone Demler
<u>Druck</u>: Druckerei Flock, Köln

Bestell-Nr. 12 801

ISBN: 978-3-98558-201-3

D1722459

Bildquellen © AdobeStock.com:

S. 6: haris; **S. 8:** topvectors; **S. 9:** bsd555; **S. 10:** samuii; **S. 12:** Hein Nouwens; **S. 13+37:** graphixmania; **S. 14:** Claudio Caridi; **S.19/36/37/38/43/52/63:** Yael Weiss; **S. 28:** Gstudio; **S. 29:** yusufdemirci; **S. 31:** faiza_1b; **S. 33+41+50:** Do Ra; **S. 35:** picoStudio; **S. 39:** respiro888; **S. 40:** parntawan1987; **S. 43+44:** AGUS; **S. 46:** Visual Generation; **S. 47+49:** dariaustiugova; **S. 48:** alekseyvanin; **S. 54:** Good Studio; **S. 61:** mnimage

Unsere Lizenzmodelle

Der vorliegende Band ist eine Print-<u>Einzellizenz</u>

Sie wollen unsere Kopiervorlagen auch digital nutzen? Kein Problem – fast das gesamte KOHL-Sortiment ist auch sofort als PDF-Download erhältlich! Wir haben verschiedene Lizenzmodelle zur Auswahl:

	Print-Version	PDF-Einzellizenz	PDF-Schullizenz	Kombipaket Print & PDF-Einzellizenz	Kombipaket Print & PDF-Schullizenz
Unbefristete Nutzung der Materialien	x	x	x	x	x
Vervielfältigung, Weitergabe und Einsatz der Materialien im eigenen Unterricht	x	x	x	x	x
Nutzung der Materialien durch alle Lehrkräfte des Kollegiums an der lizensierten Schule			x		x
Einstellen des Materials im Intranet oder Schulserver der Institution			x		x

Die erweiterten Lizenzmodelle zu diesem Titel sind jederzeit im Online-Shop unter www.kohlverlag.de erhältlich.

Inhaltsverzeichnis

Vorwort

Ein weiser alter Mann wurde einmal gefragt: „Warum hast du in deinem Leben so viel erreicht?" Ohne zu zögern, antwortete er: „Mein Geheimnis ist: wenn ich sitze, dann sitze ich. Wenn ich stehe, dann stehe ich. Wenn ich gehe, dann gehe ich!" „Ja, aber das tun wir doch auch," lautete die Antwort seiner Fragesteller. Da schüttelte der weise Mann den Kopf und meinte: „Nein, das stimmt nicht, wenn ihr sitzt, dann steht ihr schon. Wenn ihr steht, dann geht ihr bereits…!" Der alte Mann wusste: Was auch immer wir tun, sollten wir mit unserer ganzen Aufmerksamkeit machen. Das heißt, unser Ansinnen, unsere Gedanken und unsere Konzentration sollen ganz auf diese Sache gerichtet sein. Genau das fällt uns allerdings zunehmend schwer. Zu viele Ablenkungen strömen in unserer schnelllebigen Zeit auf uns ein.

Die Übungen in diesem Heft helfen SchülerInnen der Sekundarstufe 1 ihre „Gedanken bei der Sache zu halten". Besonders für Kinder mit Lese- und Schreibschwächen ist dies unabdingbar. Aber auch alle anderen Kinder werden von diesen vielfach in der Praxis erprobten Übungen profitieren.

Die einzelnen Aufmerksamkeitsübungen sind in drei Schwierigkeitsgraden aufgebaut. Die ersten zwanzig Übungsaufgaben sind einfache Aufgaben. Die nächsten zwanzig Aufgaben beinhalten eine kognitive Zusatzaufgabe. Die letzten zwanzig Übungsblätter sind Multitasking-Aufgaben, die bereits durch ihre Aufgabenstellung die volle Aufmerksamkeit fordern. Für diese Übungen benötigt man für die Durchführung ein kleines Glöckchen und eine zweite Person, die im Laufe der Übungen ein Signal gibt. Wer kein Glöckchen zur Hand hat, kann auch einfach in die Hände klatschen oder mit einem Löffel an ein Glas klopfen.

Auf jedem Arbeitsblatt befindet sich ein kleiner Text als Anleitung, der wichtige, aber auch teilweise nebensächliche Informationen enthält. Hier wird ganz nebenbei die Kompetenz des sinnerfassenden Lesens und des Herausfilterns wichtiger Informationen trainiert. Die Arbeitsblätter lassen sich sowohl Zuhause, im Therapie- und Trainingsbereich sowie im Klassenverband zur Förderung der Aufmerksamkeit einsetzen. Sie sind in meiner Praxis als Förderpädagogin vielfach erprobt.

Viel Spaß beim aufmerksamen Trainieren wünschen das Kohl-Verlags-Team und

Roswitha Wurm

Bestell-Nr. 12 801 – AUFMERKSAMKEIT SCHÄRFEN Mit allen Sinnen bei der Aufgabe! Klasse 5 - 10

Aufmerksamkeitsübungen ohne Differenzierung

In den untenstehenden Kästchen, stehen untereinander dieselben Wörter. Doch Vorsicht!
Es haben sich manche Fehler eingeschlichen! Markiere die Fehler!

Regenschirm		Fragezeichen		Bilderrahmen
Regenschrim		Fragezeichen		Bilderrahmen

Klettersteig		Perlenkette		Vollmond
Klettresteig		Perlenkette		Volimond

Bratpfanne		Badeteich		Polsterkissen
Bratplanne		Badetiech		Polsterkissen

Bassgeige		Tragtasche		Blumenstock
Bassgiege		Targtasche		Blumenstock

Zitronensaft		Glückwunschkarte		Modekatalog
Zirtonensaft		Glückwunschkrate		Modekatalog

Bergsteiger		Schraubenzieher		Kaffeetasse
Bregsteiger		Schaurbenzieher		Kaffeetasse

Trinkbecher		Kalenderblatt		Rosenbogen
Trinkbecher		Kalenderblalt		Rosenbogen

Spaßfaktor		Spielkonsole		Hosenträger
Spabfaktor		Spielkonsole		Hosenträger

AUFMERKSAMKEIT SCHÄRFEN Mit allen Sinnen bei der Aufgabe! Klasse 5 - 10 – Bestell-Nr. 12 801

KOHL VERLAG

1 Aufmerksamkeitsübungen ohne Differenzierung

Jetzt wird es kniffeliger: In den untenstehenden Kästchen, stehen untereinander Buchstabenfolgen. Doch Vorsicht: Es stehen nicht immer die richtigen Buchstabenfolgen da. Streiche die Fehler an!

NASDERTZUIO	BSERTZUIDJOMNK	BNMKLOPFRT
NASDERTZUIO	BSERLZUIDJOMNK	BNMKLOPRFT

HUIOPKLJHU	ZUTERTWREFU	NJKIOLOIGHU
HUIOPKJLHU	ZUTERTWREFU	NJKOILOIGHU

DERWESERTA	VFGDERTZUDH	NMJKDGHEU
DERWESRETA	VFGDERTZUDH	NMJKDGHLU

KJUZTERFZUE	BFGRTZUDIRKTIO	GHZURETZRE
KJUZTERFZUE	BFGRTZUDRIKTIO	GHZUERTZRE

BVGFSWDERT	GERTDERTERWZU	DERWTEZRUJ
BVGFSWDERT	GERTDERTREWZU	DERWTEZRUJ

DSWERTEZRU	HERTWERDFETRZ	GHDGETRZUD
DSWERTEZRU	HERTWREDFETRZ	GHDGERTZUD

NABSDERTRE	BDGERFTRZTUDF	BGDHERTZFR
NASBDERTRE	BDGEFRTRZTUDF	BGDHERZTFR

BGDTERZFRH	DESWRETWERTR	BVCNDJFHRU
BGDTERZFRH	DESRWETWERTR	BVCNDJFRHU

AUFMERKSAMKEIT SCHÄRFEN Mit allen Sinnen bei der Aufgabe! Klasse 5 - 10 – Bestell-Nr. 12 801

Aufmerksamkeitsübungen ohne Differenzierung

Jetzt wird es noch kniffeliger. Hier befinden sich Buchstaben- und Zahlenkombinationen untereinander. Auch hier haben sich einige Fehler eingeschlichen. Kannst du sie finden?

FGH45GH67	HGZU786JKKL	GFDER56ER
FGH45GH67	HGZU768JKKL	GFDER56ER

BN786TZR4	ER32ZU67IOP	GHRT32DFE
BN768TZR4	ER23ZU67IOP	GHRT32DFE

CD98GH67S	CDER453HJ56	JO78ZU67R
CD89GH67S	CDLR453HJ56	JO78ZU87R

GH23TZ89I	GH45DF76GH	VF42KL89G
GH23TZ89I	GH45DF78GH	VF42KL89G

BE87ZU65R	NA83ZU67ERI	JK76FG54E
BE87ZU56R	NA83ZU67REI	JK76FG54E

HJ56FD23FH	NM87GH45JK	JK89GF34W
HJ56FD23FH	NM87GR45JK	JK89GF36W

AUFMERKSAMKEIT SCHÄRFEN Mit allen Sinnen bei der Aufgabe! Klasse 5 - 10 – Bestell-Nr. 12 801

1 Aufmerksamkeitsübungen ohne Differenzierung

Hier sind die Buchstaben der drei Wörter durcheinandergeraten. Kannst du sie in die richtige Reihenfolge setzen? Dann erfährst du, was du benötigst, um die Aufgaben zu lösen.

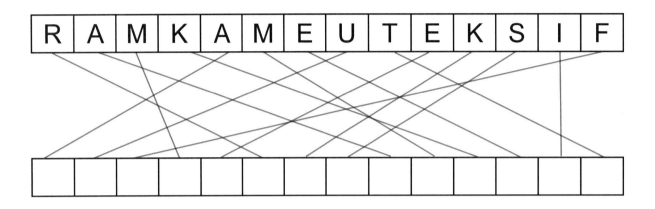

| R | A | M | K | A | M | E | U | T | E | K | S | I | F |

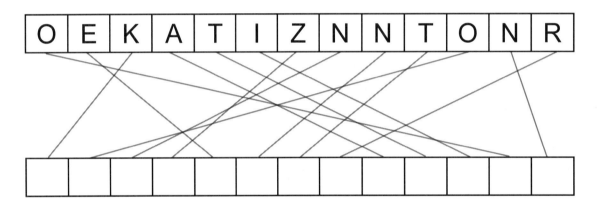

| O | E | K | A | T | I | Z | N | N | T | O | N | R |

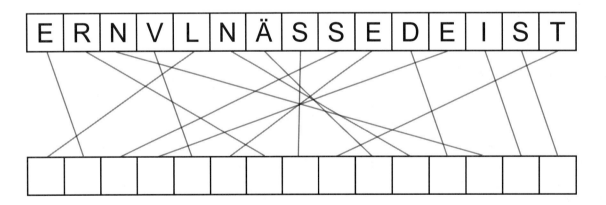

| E | R | N | V | L | N | Ä | S | S | E | D | E | I | S | T |

Zum Lösen der Aufgaben benötigst du _____,

_____ und _____.

Bestell-Nr. 12 801 – AUFMERKSAMKEIT SCHÄRFEN Mit allen Sinnen bei der Aufgabe! Klasse 5 - 10

Aufmerksamkeitsübungen ohne Differenzierung

Wenn man nachts nicht gut schlafen kann, dann bekommt man manchmal den Tipp: „Zähle Schäfchen bis du einschläfst!" Zähle laut die Schäfchen (1,2,3,…) und streiche dabei jedes dritte Schaf durch.

AUFMERKSAMKEIT SCHÄRFEN   Mit allen Sinnen bei der Aufgabe! Klasse 5 - 10 – Bestell-Nr. 12 801

KOHL VERLAG

1 Aufmerksamkeitsübungen ohne Differenzierung

Der Fruchthändler schlichtet Obst und Gemüse in zwei Kisten. In jede Kiste sollen dieselben Früchte kommen. In der unteren Kiste fehlt eine Frucht. Welche ist es?

Feige   Zucchini   Mango

Weintraube

Heidelbeeren

Birne   Himbeeren   Erbsen

Melanzani   Erdbeeren

Melone   Orange   Salat

Banane   Apfel   Kürbis

Birne   Feige   Banane

Himbeeren

Apfel   Zucchini   Melanzani

Weintraube   Mango

Erbsen   Kürbis

Heidelbeeren

Orange   Salat   Erdbeeren

Bestell-Nr. 12 801

AUFMERKSAMKEIT SCHÄRFEN Mit allen Sinnen bei der Aufgabe! Klasse 5 - 10 – Bestell-Nr. 12 801

KOHL VERLAG

1 Aufmerksamkeitsübungen ohne Differenzierung

In der obersten Reihe siehst du verschiedene Insekten und davor jeweils eine Zahl. In den untenstehenden Reihen fehlt je Reihe je ein Insekt. Welches ist es? Schreibe die richtige Nummer daneben.

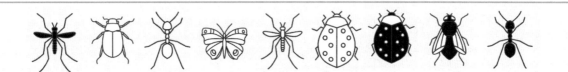

AUFMERKSAMKEIT SCHÄRFEN Mit allen Sinnen bei der Aufgabe! Klasse 5 - 10 – Bestell-Nr. 12 801

Aufmerksamkeitsübungen ohne Differenzierung

In jeder Zeile haben sich Musikinstrumente versteckt. Kannst du sie in der Buchstaben-schlange entdecken? Markiere sie mit einem Farbstift.

Mundharmonika, Ukulele, Trommel, Trompete, Querflöte, Kontrabass, Horn, Harfe, Zither, Orgel, Schlagzeug, Bratsche, Klarinette, Dudel-sack, Klavier, Flöte, Gitarre, Geige, Saxophon, Tambura, Violoncello, Xylophon, Akkordeon, Mandoline, Banjo, Cembalo, Laute, Hackbrett.

RHTZREGEIGEJKOPLODUETRGITARREHUDKEFLÖTEG
POLISDFWERKLAVIERBSDERWDUDELSACKOLOKDEIJK
VERTWERTBRATSCHEMKDFGHTZSCHLAGZEUGKIDUJ
MDERTFGORGELJKFGRTZEHHARFEMKDFERTWZEGRA
BDFERWTEZHORNNMDJFURITJFTKONTRABASSFDERT
SADWETROMPETEFDERTEZGSFRETROMMELBFGRTZ
MUNDHARMONIKANVBFGRTTQUERFLÖTENFHRZUH
BVHFGRZTUGSAXOPHONHDGEREZRGTAMBURAHDE
UKULELEHJEUFHTZUFHETVIOLONCELLOFDERZWETU
NVBFHRZTUXYLOPHONNVVFKRHDRTUJGTUJGDRUF
AKKORDEONGFHRZURHRKLARINETTENVHFZRUEIJGI
GFDETRZFHZITHERNVBFGRUTMANDOLINEFGRTEZRU
VDFERTWLAUTEDFWRETWREGEZRGFRCEMBALOJHK
CVDFERTZRUFGRTHACKBRETTBDFERTBANJODFERTW

Bestell-Nr. 12 801 – Mit allen Sinnen bei der Aufgabe! Klasse 5 -10 – AUFMERKSAMKEIT SCHÄRFEN

❶ Aufmerksamkeitsübungen ohne Differenzierung

Kommissar Schlaumax ist auf der Suche nach dem Geheimcode der Einbrecherbande. Kannst du ihm dabei helfen? Suche die Buchstabenfolge, die du in der Lupe siehst. Wie oft kommt sie vor?

MeHjGeGhXjKlopErtFreRGhXGertDerErfF

HjUzGhXhjUztERghzTGhXkliUzGhXkGhXErt

GhXHjGreGhXjhgTzrErdGhXnjkiOUZgrteW

hjgZutErtgeswGertzGhXMnjklouTeErdeFf

BngRtGhXEdsWeGhXNbgDertGhXMnbFzh

VberdWesRGhXnhgFruztrErdEvbdGerFde

nbhuTrfDEGhXnbhZGhXmnHuGhXmGhXi

nhjuGhXvgfrmKutGhXBgfRsgbUujhuZtfei

nhuGhXvbGzveGhXnkJgtUGhXmnuFgGerj

vbgzjGernhjlugVkGhXjkPouZtrderFthbDer

gtzErGhXnmjluzGhXvfgtzGhXMnhzuWerf

bnhjiohUzgtRtGhXbghzErdTbkjuoOpoSde

bhgzZugtrEGhXnjhZugFrklGhXmjHzuWsw

ghfTrGhXvgfRGhXnHjlgGhXNjgTedTkjlopr

nbhuiGhXngujWedRvZGhXmkGdegnUjhU

Ich konnte das Geheimzeichen _____ mal finden.

AUFMERKSAMKEIT SCHÄRFEN Mit allen Sinnen bei der Aufgabe! Klasse 5 - 10 – Bestell-Nr. 12 801

Aufmerksamkeitsübungen ohne Differenzierung

Sina macht Fruchtsalat. Sie legt das Obst auf den Küchentisch und schneidet die einzelnen Früchte in kleine Stückchen. Eine Frucht vergisst sie hinzuzufügen. Welche ist es?

Sina hat folgende Frucht vergessen: _____

Bestell-Nr. 12 801

AUFMERKSAMKEIT SCHÄRFEN Mit allen Sinnen bei der Aufgabe! Klasse 5 - 10

Aufmerksamkeitsübungen ohne Differenzierung

Immer wenn du drei Symbole findest, die genau so angeordnet sind wie die drei eingekreisten, dann verbinde diese miteinander.

Wie oft findest du die eingekreiste Kombination aus Gewichtheber, Rennradfahrer und Golfer?

AUFMERKSAMKEIT SCHÄRFEN Mit allen Sinnen bei der Aufgabe! Klasse 5 - 10 – Bestell-Nr. 12 801

KOHL VERLAG

Aufmerksamkeitsübungen ohne Differenzierung

Luka liest eine Geschichte, die etwas Wichtiges über Tratsch und Klatsch sagt. Kannst du die Geschichte vorlesen, obwohl alles klein geschrieben ist?

dreisiebe

einestageskameinerzusokratesundwarvolleraufregung:

„sokrates,hastdugehörtwasdeinfreundgetanhat?dasmussichdir

unbedingterzählen." „stopp,"unterbrachihnderweise. „hastdudas,

wasdumirsagenwillst,durchdiedreisiebegesiebt?"„dreisiebe?"

fragtederanderevollerverwunderung. „ja,meinlieber,dreisiebe.

lasssehen,obdas,wasdumirzusagenhast,durchdiedreisiebe

hindurchgeht.daserstesiebistdiewahrheit.hastdualles,wasdumir

erzählenwillst,geprüft,obeswahrist?"„nein,ichhörteesirgendwound . . ."

„so,soabersicherhastduesmitdemzweitensiebgeprüft.

esistdassiebdergüte.istdas,wasdumirerzählenwillst,wennes

schonnichtwahrist,wenigstensgut?"zögerndsagtederandere:

„nein,dasnicht,imgegenteil . . ." „aha!",unterbrachihnsokrates.

„solassunsauchdasdrittesiebnochanwendenundlassunsfragen,

obesnotwendigist,mirdaszuerzählen,wasdichsoaufregt?"

„notwendignungeradenicht . . ." dalächeltederweisemann:

„wenndas,wasdumirerzählenwillst,wederwahr,nochgut,noch notwendigist,

erzähleesmirnichtundbelastedichundmichnichtdamit!

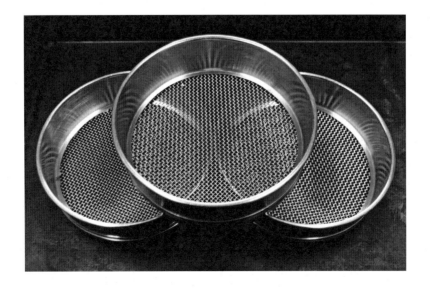

AUFMERKSAMKEIT SCHÄRFEN Mit allen Sinnen bei der Aufgabe! Klasse 5 - 10 – Bestell-Nr. 12 801

1 Aufmerksamkeitsübungen ohne Differenzierung

Jakobs Lieblingszahl ist 12. In folgendem Zahlenfeld sucht er zwei nebeneinanderstehende Zahlen, die zusammengezählt 12 ergeben. Wie viele Paare kannst du finden?

```
3 4 6 6 2 3 4 5 6 7 5 4 5 6 4 3 2
7 4 5 6 4 8 6 4 3 6 7 5 4 2 1 9 3
6 2 3 4 5 7 9 1 2 5 4 3 6 6 4 3 5
2 3 4 8 3 4 5 6 7 8 2 3 4 6 6 7 8
5 7 4 3 2 5 4 8 4 3 2 1 7 6 9 3 4
5 5 6 7 8 4 3 5 6 9 3 4 2 3 6 8 7
2 5 7 8 3 2 3 6 8 4 3 1 7 6 8 4 3
5 7 9 3 2 7 6 5 8 6 9 3 5 7 6 5 4
1 6 5 7 6 4 3 2 3 9 8 5 4 3 4 8 5
```

AUFMERKSAMKEIT SCHÄRFEN Mit allen Sinnen bei der Aufgabe! Klasse 5 - 10 – Bestell-Nr. 12 801

Sophie vergleicht die Produktnummern von Lebensmitteln im Supermarkt. So viele verschiedene Zahlen und Nummern! Zwei Kombinationen kommen öfters vor. Welche Buchstaben-Zahlen-Kombinationen sind das? Wie oft kommen sie jeweils vor?

GH73	ZU34	JK99	AS65	DS23	MR76
HJ56	ZU78	OP73	LO45	FT87	HG44
FT59	DF56	ZU34	KP89	LK65	FT59
MR89	GH89	MR99	EW12	ER43	JK85
UO78	JA98	FT59	GH73	JK66	RE41
PR56	TZ09	GH73	LT34	ER56	LF34
TZ99	GH73	FD45	FD56	BN44	NA33
JK98	JK90	JH88	KG38	GH73	HZ63
RE78	HJ76	GF45	DL54	SD45	GH73
FG90	PR43	NM91	OK65	OP98	FD32
HP09	KL89	RT44	FT59	DE34	JO87
FG67	PR23	ZU89	UZ45	KL45	FG54
KL90	GH73	SZ45	ER54	SD65	IO98
UO69	FT59	PO98	DR33	FT59	TZ54
WE33	GH73	TZ56	ZU55	PR55	RE43

_____ kommt __ mal vor.

_____ kommt __ mal vor.

AUFMERKSAMKEIT SCHÄRFEN Mit allen Sinnen bei der Aufgabe! Klasse 5 - 10 – Bestell-Nr. 12 801

KOHL VERLAG

Aufmerksamkeitsübungen ohne Differenzierung

Hier hat jemand Wörter auseinandergeschnitten! Kannst du helfen die Bruchstücke wieder zu ganzen Wörtern zusammenzusetzen? Verbinde die passenden Wörter miteinander.

Schokolade	korb
Strand	teller
Katzen	schale
Schwimm	bogen
Bananen	turm
Kuchen	glas
Blumen	topf
Leucht	futter
Rosen	reifen
Wasser	kuchen

AUFMERKSAMKEIT SCHÄRFEN Mit allen Sinnen bei der Aufgabe! Klasse 5 - 10 – Bestell-Nr. 12 801

1 Aufmerksamkeitsübungen ohne Differenzierung

Streiche die Wortteile der folgenden Wörter durch. Aus den übriggebliebenen Wörtern kannst du ein Lösungswort bilden, wenn du die Buchstabenteile von oben nach unten der Reihe nach liest.

KA-TZ-EN-BA-BY

KATZENBABY – HUNDERASSE – HUNDELEINE – FUTTERNAPF
KATZENFUTTER – WELPE – TIERLIEBE – KNOCHEN – HUNDEHÜTTE

TI		TIE		
HU	HU		TT	KA	NE
	NA	EI	ER	
EN	TZ	BY	KA	TZ
	FU	ND	EN	ND
TT			ER	
	EL	EN	PF	BA	ER	OCH
AS	FR			
	PE	ER	FU	RL
BE		SE	EU	
		IE	KN	WEL
TTE	HU	NDE	DE	HÜ

Lösung: _ _ _ _ _ _ _ _ _ _

AUFMERKSAMKEIT SCHÄRFEN Mit allen Sinnen bei der Aufgabe! Klasse 5 - 10 – Bestell-Nr. 12 801

Aufmerksamkeitsübungen ohne Differenzierung

Marie hat drei wichtige Sprüche über das Lernen aufgeschrieben. Zwischen den Buchstaben hat sie Zahlen geschrieben. Kannst du die drei Sprüche entziffern?

NI34CH87TF12ÜR73DI12ES67CH24UL33
EF21ÜR33DA56SL23EB78EN23LE87RN12
EN22WI17RL87ER35NE87NS34OL23LU56
ND56DA28RF44SP88AS98SM54AC27HE3
9N45LE98RN23EN45IS87TW98IE27RU37
DE87RN45GE37GE87ND36EN39STR84O
M23HÖ87RT45MA65ND25AM54IT25AU
87FT35RE27IB84TM33AN98ZU63RÜ87CK

Spruch 1: _____

_____

Spruch 2: _____

_____

Spruch 3: _____

_____

AUFMERKSAMKEIT SCHÄRFEN Mit allen Sinnen bei der Aufgabe! Klasse 5 - 10 – Bestell-Nr. 12 801

1 Aufmerksamkeitsübungen ohne Differenzierung

Wie viele verschiedene Sternenbilder befinden sich auf dieser Seite?

Es sind _____ verschiedene Sternenbilder.

Bestell-Nr. 12 801

AUFMERKSAMKEIT SCHÄRFEN   Mit allen Sinnen bei der Aufgabe! Klasse 5 - 10

KOHL VERLAG

1 Aufmerksamkeitsübungen ohne Differenzierung

Micha lädt 13 Freunde und Freundinnen zu seinem Geburtstag ein. Kannst du die Namen der Gäste in dem Raster finden? Markiere sie.

Michaela   Jakob   Leon   Luka   Marie   Sophie
Amelie   Lena   Noah   Anton   Lisa   Erkan   Nina

j h g e r k a n f n m o l k u l i s a b v f o p h g r t z

b c v h k u i a n t o n d f e r w e r g v n o a h k f o

x s e w d f l e n a h d s w e r f d e w s c d e d f r g

m c v d e r w s d q w e d c a m e l i e d s w e r f r

q w e d e r s o p h i e n d e r f e r f a q w m f i

b v s w f d e m a r i e n d e q l ö d f d l u k a d f e

b d f w a x v c d l e o n d s w k d e i k r e j a k o b

d a m c b l d f r e r w s d f g e d e r n i n a s w e r

x c e w e r f v m i c h a e l a s d e d w e r t f e w d

Bestell-Nr. 12 801 – AUFMERKSAMKEIT SCHÄRFEN Mit allen Sinnen bei der Aufgabe! Klasse 5 - 10 – KOHL VERLAG

Aufmerksamkeitsübungen ohne Differenzierung

Florian und Fiona spielen miteinander Tischtennis. Die Bälle fliegen hin und her. Kannst
du die Bälle mit den richtigen Nummern bezeichnen?

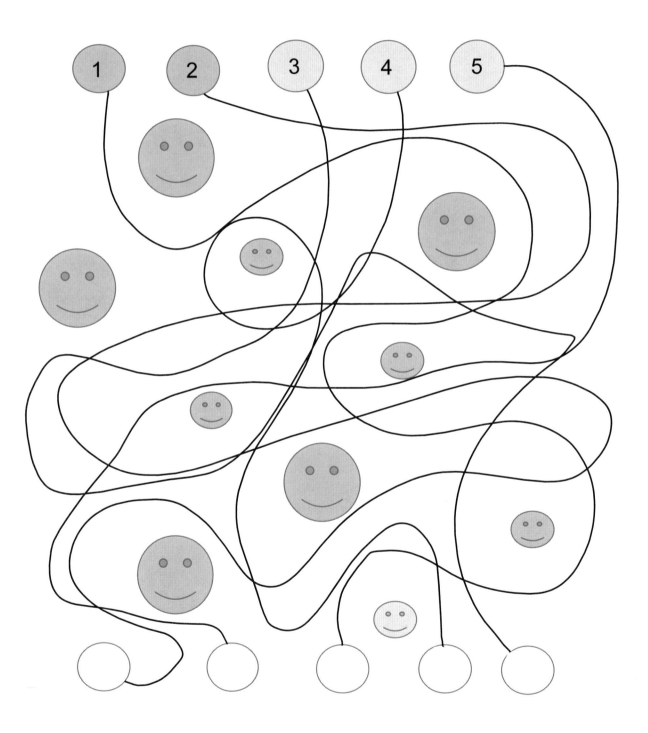

AUFMERKSAMKEIT SCHÄRFEN Mit allen Sinnen bei der Aufgabe! Klasse 5 - 10 – Bestell-Nr. 12 801

② Aufmerksamkeitsübungen mit Differenzierung

Nico liebt Farben. Er bemalt seinen Kasten bunt an. Hilfst du ihm dabei?

Die Aufgabe, die du lösen musst, ist ein bisschen kniffelig. Bemale den Kasten nicht in den Farben, die mit Worten darauf stehen, sondern in den vorgegebenen Farben des unteren Kastens.

Damit du weißt, was gemeint ist, sind die ersten beiden Kästchen schon angemalt.

blau	grün	rot	braun	gelb	rosa	blau	rot	grau
grün	gelb	grün	rot	rosa	grau	gelb	grün	gelb
braun	rot	gelb	blau	grün	gelb	rot	blau	grau
gelb	grau	blau	gelb	blau	braun	rosa	gelb	rot
rot	gelb	rosa	rot	rot	grau	grün	rot	grün
grau	rot	grün	gelb	grün	rosa	gelb	blau	gelb
grün	blau	gelb	rot	gelb	braun	rot	grün	rot

gelb	rot	gelb	grau	rot	blau	grau	rosa	grün
gelb	grau	rot	gelb	grün	gelb	rot	blau	grün
rot	rosa	grün	rot	rosa	blau	grün	rosa	rot
grün	braun	gelb	grün	rosa	grau	gelb	rot	grün
braun	rosa	grün	blau	braun	gelb	rosa	blau	gelb
rosa	braun	gelb	blau	rosa	braun	grün	rot	grün
gelb	rosa	rot	grau	grün	rosa	gelb	blau	gelb

AUFMERKSAMKEIT SCHÄRFEN   Mit allen Sinnen bei der Aufgabe! Klasse 5 - 10 – Bestell-Nr. 12 801

KOHL VERLAG

Kannst du den spiegelverkehrt geschriebenen Witz vorlesen?

Treffen sich zwei Hühner.
Macht das eine „Kikeriki!".
Das andere macht: „Wuff, wuff!".
„Wieso bellst du denn?", fragt
das erste Huhn.
„Heutzutage muss man
Fremdsprachen können."

AUFMERKSAMKEIT SCHÄRFEN Mit allen Sinnen bei der Aufgabe! Klasse 5 - 10 – Bestell-Nr. 12 801

KOHL VERLAG

② Aufmerksamkeitsübungen mit Differenzierung

Vergleiche in den folgenden Kästchen die übereinanderstehenden Zeichen. In jedem Kästchen stimmen zwei Zeichen nicht überein. Streiche jeweils die Fehler durch.

Stoppe die Zeit, wie lange du zum Lösen dieser Aufgabe benötigst.

7gH78uR 7qH78oR	6fT38jP 6fT3Pj8	4wHi8uN 4wAj8uN
eR6t4z9p eP6t4z9q	H7JK98 H7LK96	dF5eT3a bF5eJ3a
Ds6Tz7u Dz6Ts7u	kL9p6re kL8q6re	Ag5t4oP Aq5t4uP
3g8op9e 3p8og9e	D4z7lwe D4s7lme	bG5k9sQ dG5k9sO

Ich habe _____ Sekunden zum Lösen der Aufgabe benötigt.

Bestell-Nr. 12 801

AUFMERKSAMKEIT SCHÄRFEN Mit allen Sinnen bei der Aufgabe! Klasse 5 - 10 –

KOHL VERLAG

② Aufmerksamkeitsübungen mit Differenzierung

Nun bekommst du eine weitere Aufgabe.

Stelle nun die Zeit, die du für die Aufgabe auf der vorhergehenden Seite benötigt hast, auf einer Zeituhr ein. Wie viele Kästchen kannst du bearbeiten, bis die Zeit abgelaufen ist?

Nb6ZuOi Nd6ZoOi	3rEd6FH 3eEb6FH	5trE3W2 5lrE8W2
Zp9Jf5W Zq9Lf5W	SD6g4d1 SD6p4b1	Gd4Xsoß Gb4XsoB
F6GhJ83 F6GhL33	pV5c3Sp pV5o3Sq	C6X4dy9 C6X4by6
K9LvR3e K9LuP3e	D4SxaK8 D4BxoK8	N6G3erW M6G3eiW
H6Kf7nM H6Kl7uM	B5gF34e B5qF34o	jK8tp3U iK8tq3U

AUFMERKSAMKEIT SCHÄRFEN Mit allen Sinnen bei der Aufgabe! Klasse 5 - 10 – Bestell-Nr. 12 801

❷ Aufmerksamkeitsübungen mit Differenzierung

Ups, das hat jemand Leckereien für den Grill mittendrin auseinandergeschnitten. Noch dazu sind die Wortteile auf der rechten Seite seitenverkehrt geschrieben!

Verbinde die richtigen Wortteile miteinander.

Grillge	tensalat
Bratwü	lauchsoße
Schokoba	lauchbrot
Kartof	rot
Toma	müse
Schnit	felsalat
Knob	nane
Stockb	rstchen

AUFMERKSAMKEIT SCHÄRFEN Mit allen Sinnen bei der Aufgabe! Klasse 5 - 10 – Bestell-Nr. 12 801

KOHL VERLAG

Aufmerksamkeitsübungen mit Differenzierung

Wenn du die Wortteile richtig zusammenfügst, erhältst du einen wichtigen Spruch über jeden Tag von Mark Twain.

Lebens	Chance	Tag
zu	jedem	Gib
werden.	deines	die
der		schönste

Mark Twain sagte:

_____

AUFMERKSAMKEIT SCHÄRFEN Mit allen Sinnen bei der Aufgabe! Klasse 5 - 10 – Bestell-Nr. 12 801

② Aufmerksamkeitsübungen mit Differenzierung

Hier findest du einen weiteren Spruch. Diesmal ist das Ganze ein bisschen kniffeliger: auch die einzelnen Wörter sind zerteilt. Der Spruch beschreibt, was Leben bedeutet.

Le	Ra	oh
ist	Zeich	mi!
gum	dier	ben
nen		ne

_ _ _ _ _   _ _ _   _ _ _ _ _ _ _   _ _ _ _

_ _ _ _ _ _ _ _ _ _ _ !

AUFMERKSAMKEIT SCHÄRFEN Mit allen Sinnen bei der Aufgabe! Klasse 5 - 10 – Bestell-Nr. 12 801

KOHL VERLAG

❷ Aufmerksamkeitsübungen mit Differenzierung

Verbinde die Buchstaben des Alphabets so schnell du kannst von A bis Z!

Fünf Buchstaben kommen doppelt vor, male sie rot an. Kannst du aus diesen 5 Buchstaben ein Wort bilden? Es bezeichnet ein Tier.

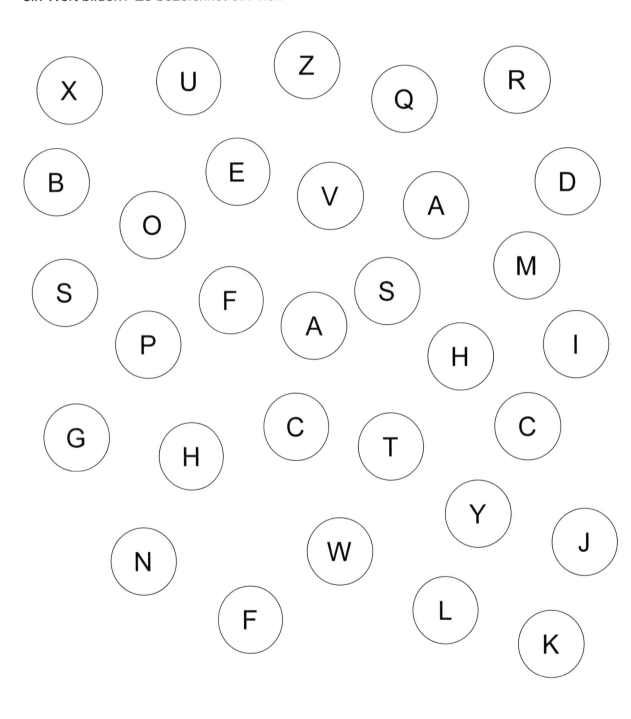

Lösungswort: _ _ _ _ _

AUFMERKSAMKEIT SCHÄRFEN Mit allen Sinnen bei der Aufgabe! Klasse 5 - 10 – Bestell-Nr. 12 801

2 Aufmerksamkeitsübungen mit Differenzierung

In Unterndorf steht ein Haus neben dem anderen.

Jedes 3. Haus soll rot angemalt werden. Streiche zudem alle Häuser, auf denen ein Knochen abgebildet ist mit dem Rotstift durch.

AUFMERKSAMKEIT SCHÄRFEN Mit allen Sinnen bei der Aufgabe! Klasse 5 - 10 – Bestell-Nr. 12 801

❷ Aufmerksamkeitsübungen mit Differenzierung

In diesem Wortgitter hat sich ein Spruch über das Lernen versteckt. Streiche folgende Wörter durch:

FRAGE (6x)   BÜCHER (6x) AUFGABE (5x)   LESEN (7x)   TEST (14x)

Sie kommen mehrmals vor (siehe Klammer neben dem Wort).

T	E	S	T	L	L	E	S	E	N	E	T	E	S	T
R	A	U	F	G	A	B	E	B	Ü	C	H	E	R	N
T	E	S	T	E	L	E	S	E	N	N	T	E	S	T
F	R	A	G	E	L	E	S	E	N	F	R	A	G	E
O	L	E	S	E	N	H	T	E	S	T	T	E	S	T
T	E	S	T	A	U	F	G	A	B	E	T	E	S	T
T	E	S	T	N	F	R	A	G	E	T	E	S	T	E
B	Ü	C	H	E	R	A	U	F	G	A	B	E	Z	U
L	E	S	E	N	T	E	S	T	F	R	A	G	E	D
T	E	S	T	E	F	R	A	G	E	N	T	E	S	T
B	Ü	C	H	E	R	K	A	U	F	G	A	B	E	E
N	L	E	S	E	N	I	S	T	B	Ü	C	H	E	R
V	E	R	B	Ü	C	H	E	R	G	E	B	E	N	E
F	R	A	G	E	M	L	E	S	E	N	T	E	S	T
A	U	F	G	A	B	E	B	Ü	C	H	E	R	Ü	H

Der Spruch lautet:

_ _ _ _ _   _ _ _   _ _   _ _ _ _ _

_ _ _   _ _ _ _ _ _ _ _   _ _ _ !

Bestell-Nr. 12 801

AUFMERKSAMKEIT SCHÄRFEN Mit allen Sinnen bei der Aufgabe! Klasse 5 - 10 –

Seite 32

KOHL VERLAG

② Aufmerksamkeitsübungen mit Differenzierung

Heute bittet die Lehrerin alle Schüler und Schülerinnen mit einem Emoji aufzuzeichnen, wie es ihnen gerade geht. Kreise alle fröhlichen Gesichter mit einem blauen Farbstift ein. Streiche alle Gesichter mit einem „Zickzack-Mund" mit einem roten Farbstift durch.

AUFMERKSAMKEIT SCHÄRFEN   Mit allen Sinnen bei der Aufgabe! Klasse 5 - 10 – Bestell-Nr. 12 801

2 Aufmerksamkeitsübungen mit Differenzierung

Suche in den folgenden Reihen die Kombination Fg5.

Wie oft kannst du sie finden? Markiere sie.

bN6hjI8Fg5opK34Fg5hj8De2kJ89Zug5bnjkF
bvghFg5nmjI9HgFd34xYasWqFg5nmKjOpb
Gf5adrE43EFg5nbHz96bvFg5mNkJuiFg5nb
Fg5bvGfcxY87ZuFg5nmBhgZ798Fg5fDercx
IKn67x23sEdFg5bnHuz87nbHFg5bv65JnmV
vbgFg5cfDer564Sweq23Fg5nbh76TzgFg5fg
klJb56Fg5dfre54Erfv65Fg5jnh876ZuhgFg5tz
Cx43Bgh7fgt%4dFg5hj98UijFg5ghb&7tgFg5
Nh7TrfFg5fde32swemKl09hg67Fg5t43eRder
Fg5bn7zgtXerFg5bnH78j89jDfeFg5mnkl89hj
bvTz65tgFg5dfce4Der5jhFguFg5nj8Uhg67zk
dxDerbFg5n78Zuhf54cdFg5l98Iuj67Zhg76vf

Bestell-Nr. 12 801

AUFMERKSAMKEIT SCHÄRFEN Mit allen Sinnen bei der Aufgabe! Klasse 5 - 10

In jeder Zeile hat sich die am Anfang stehende Zahl versteckt. Kannst du sie finden?
Markiere sie mit einem Farbstift.

76568	53098237656876487654364665 43
84354	43432843548234342987075409 46
45321	31453219873432435467543246 75
95645	28743235643249564576354344 32
34765	98723265433476576332987343 58
43265	98734343265734327642432469 87
73423	11876531265432973423983432 53
72365	45323187111543532723658973 43
36543	55365438723765298342643257 85
28745	65342874587122343298408643 08
57234	77653243298755723476298342 43
76243	22321432872342376243876534 34

AUFMERKSAMKEIT SCHÄRFEN Mit allen Sinnen bei der Aufgabe! Klasse 5 - 10 – Bestell-Nr. 12 801

Hier sind die Buchstaben von verschiedenen Wörtern wie an einem Faden aufgereiht. Kannst du herausfinden welche Wörter hier versteckt sind? Sie haben alle etwas mit dem Begriff „Ferien" zu tun.

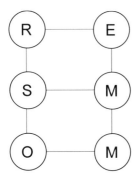

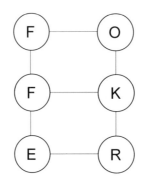

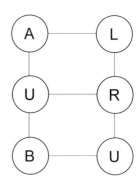

_____

_____

_____

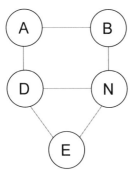

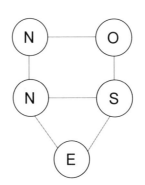

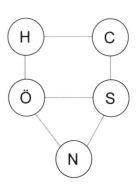

_____

_____

_____

AUFMERKSAMKEIT SCHÄRFEN Mit allen Sinnen bei der Aufgabe! Klasse 5 - 10 – Bestell-Nr. 12 801

❷ Aufmerksamkeitsübungen mit Differenzierung

Hier wird fleißig trainiert. Markiere jedes dritte Kästchen und kreise alle Wintersportarten ein. Wie viele findest du?

Ich habe _____ Wintersportkästchen eingekreist.

AUFMERKSAMKEIT SCHÄRFEN Mit allen Sinnen bei der Aufgabe! Klasse 5 - 10 – Bestell-Nr. 12 801

② Aufmerksamkeitsübungen mit Differenzierung

Oje, hier sind in jedem Wort die Silben durcheinandergeraten. Bringe sie in die richtige Reihenfolge und schreibe die Wörter richtig auf.

MEN	SE	BLU	VA

_____

SCHO	DE	KO	LA

_____

GEL	VO	FIG	KÄ

_____

GAR	KIN	TEN	DER

_____

KU	FEL	CHEN	AP

_____

LE	EIS	VA	NIL

_____

PU	SPIEL	COM	TER

_____

DER	RAH	BIL	MEN

_____

AUFMERKSAMKEIT SCHÄRFEN Mit allen Sinnen bei der Aufgabe! Klasse 5 - 10 – Bestell-Nr. 12 801
KOHL VERLAG

Aufmerksamkeitsübungen mit Differenzierung

Kennst du Anagramme? Das sind Wörter, deren Buchstaben du so umstellen kannst, dass ein neues Wort entsteht.

z.B. aus TAL kannst du ALT formen.

Versuche aus jedem der untenstehenden Wörter ein neues Wort zu bilden!

STAR		BAST	
MAHL		BEINE	
LAUF		DEMO	
LAMPE		LEID	
EIFER		ERDE	
LAGER		EID	
EHRE		OHR	
WEISE		NOT	
EIS		BEIL	
SCHAR		SAU	

AUFMERKSAMKEIT SCHÄRFEN Mit allen Sinnen bei der Aufgabe! Klasse 5 - 10 – Bestell-Nr. 12 801

KOHL VERLAG

② Aufmerksamkeitsübungen mit Differenzierung

Jetzt wird es noch ein bisschen kniffeliger. Die Wortreste auf dieser Seite stammen von Adjektiven. In Klammer siehst du die fehlenden Buchstaben. Setze sie so ein, dass wieder ein sinnvolles Eigenschaftswort entsteht.

frsh (c,i)		flsc (a,h)	
mgr (e,a)		gdulg (d,e,i)	
usti (g,l)		röhli (f,c,h)	
aue (r,s)		ecke (r,l)	
slau (h,c)		flei (g,i,ß)	
inzi (g,w)		pit (z,s)	
eite (r,h)		al (t,k)	
merksam (f,u,a)		mutzi (h,g,c,s)	
aube (r,s)		ang (m,s,a,l)	
gierig (u,n,e)		hwer (c,s)	

Bestell-Nr. 12 801

❷ Aufmerksamkeitsübungen mit Differenzierung

So viele Gesichter! Wie oft entdeckst du drei lachende 😊 Gesichter nebeneinander? Markiere und zähle sie.

Wie oft findest du drei traurige 🙁 Gesichter nebeneinander? Markiere und zähle auch diese.

 ___ mal   🙁🙁🙁 ___ mal

AUFMERKSAMKEIT SCHÄRFEN Mit allen Sinnen bei der Aufgabe! Klasse 5 - 10 – Bestell-Nr. 12 801

2 Aufmerksamkeitsübungen mit Differenzierung

Im obersten Kasten sind den Zahlen 1 bis 12 Symbole zugeordnet. In den darunter stehenden Kästchen sind bei der Zuordnung Fehler entstanden. Kannst du sie finden? Streiche die Fehler durch.

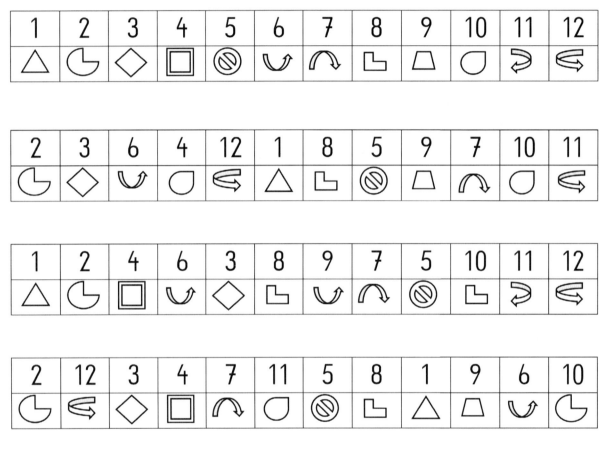

AUFMERKSAMKEIT SCHÄRFEN Mit allen Sinnen bei der Aufgabe! Klasse 5 - 10 – Bestell-Nr. 12 801

KOHL VERLAG

③ Aufmerksamkeitsübungen mit Multitasking-Aufgabe

AUFMERKSAMKEIT SCHÄRFEN Mit allen Sinnen bei der Aufgabe! Klasse 5 -10 – Bestell-Nr. 12 801

Die folgenden Übungen werden dich besonders herausfordern.

Du benötigst für die Aufgaben eine zweite Person, die in unregelmäßigen Abständen einen Ton erzeugt. Besonders viel Spaß macht es, wenn du die Übungen gemeinsam mit einem Freund oder einer Freundin machst.

Auf jedem Arbeitsblatt kannst du genau nachlesen, welche Aufgabe dir gestellt ist.

Du musst nicht nur eine Aufgabe am Arbeitsblatt erfüllen, sondern auch noch einen zusätzlichen Auftrag. Und zwar immer dann, wenn ein Glöckchen ertönt.

Solltet ihr kein Glöckchen bei der Hand haben, kann man auch auf andere Art und Weise einen Ton erzeugen, zum Beispiel indem man mit einem Löffel an ein Trinkglas schlägt.

Diese Übungen trainieren deine Aufmerksamkeit in besonderer Art und Weise. Sie sind allerdings auch anstrengend. Mache daher nicht zu viele auf einmal. Konzentriere dich auf die Übung, die du gerade machst!

Viel Spaß! Und vergiss nicht: Übung macht den Meister

KOHL VERLAG

3 Aufmerksamkeitsübungen mit Multitasking-Aufgabe

Streiche jeden vierten Bären durch, kreise zusätzlich jeden schwarzen Bären ein und zähle nebenbei wie oft das Glöckchen läutet.

Das 🔔 hat _____ mal geläutet.

AUFMERKSAMKEIT SCHÄRFEN Mit allen Sinnen bei der Aufgabe! Klasse 5 - 10 – Bestell-Nr. 12 801

③ Aufmerksamkeitsübungen mit Multitasking-Aufgabe

Lege einen roten und einen blauen Farbstift bereit. Streiche alle Pfeile, die nach links zeigen, mit einem roten Farbstift durch. Wenn die Glocke ertönt, wechsle die Farbe und streiche die weiteren Pfeile, die nach links zeigen mit dem blauen Stift durch. Ertönt erneut die Glocke, dann nimm wieder den roten Stift zur Hand usw.

AUFMERKSAMKEIT SCHÄRFEN   Mit allen Sinnen bei der Aufgabe! Klasse 5 · 10 — Bestell-Nr. 12 801

③ Aufmerksamkeitsübungen mit Multitasking-Aufgabe

Lies die folgenden Bauernhof-Wörter laut vor und zähle dabei mit, wie oft die Glocke ertönt.

BAUERNHOF	NATUR	KATZENFUTTER	SCHAF
KUHSTALL	HÜHNER	MÄHDRESCHER	PFERD
HEUBODEN	SCHWEIN	WOHNKÜCHE	ZIEGE
SCHEUNE	RINDER	ROSENBOGEN	ERNTE
APRIKOSE	ACKER	HÜHNERHOF	FELD
TIERWOHL	TRAKTOR	HOFLADEN	APFEL
BRUNNEN	PFLAUME	STREUOBST	BIRNE
GETREIDE	BAUER	PFERDESTALL	BEERE
STROH	TENNE	ZIEGENKÄSE	STUBE
SPATEN	KOPPEL	SCHAFMILCH	KATZE

Das Glöckchen hat _____ mal geläutet.

AUFMERKSAMKEIT SCHÄRFEN Mit allen Sinnen bei der Aufgabe! Klasse 5 - 10 – Bestell-Nr. 12 801

3 Aufmerksamkeitsübungen mit Multitasking-Aufgabe

Markiere jeden 5. Buchstaben. Dann erfährst du eine wichtige Aussage zum Thema Lernen. Wenn das Glöckchen ertönt, dann stehe kurz auf, setze dich wieder nieder und arbeite weiter.

DTRFGAUZIHSJKERSBNUICERTUHOPSEÖL
IASNPORTEWERSASERTMSERALREDEEAS
ERROPISNDERSEDESRNOLKIIRESESKOLIT
RESEDWERTABUNISFERTSZURTDLOKIIQC
VFRYSERNRETSIOLKIEDERTMCHIRAFERS
NPOITDSATEDJUREAZUSESVERSGKIHUEB
EHELPOLIEDERSRFRESNLÖSETPOLIEGEHE
WSDEREZUREGHEDENSAWAELITRHOPRE
MJEREEPRIENSCHUKPUTZADASENTURTN

Der Spruch lautet:

_____

AUFMERKSAMKEIT SCHÄRFEN Mit allen Sinnen bei der Aufgabe! Klasse 5 - 10 – Bestell-Nr. 12 801

KOHL VERLAG

Markiere jeden 6. Buchstaben. Dann kannst du einen wichtigen Rat zum Thema Lernen lesen.

Zusatzaufgabe Wenn das Glöckchen läutet, dann klatsche in die Hände und arbeite dann weiter.

RGHFZUEKJSDEGNBUREEERSAOLEDWKLM
POLSEÄDERFGSHFDERSGERSEIOPLIDGWBA
DUENIBARPLMSERANBHGZUDERSESLK
HGEEBNHJINASERTSQAREDIMARTENRESTZ
DUPOSEZRETREWJURTEILERDESBOPERC
JUZTEHSERFEELÖPORNIKLORDSERTZE
ASTRENJOKLILDERTWEOPIRTRTREWENPO
LIUECHRODIASERTNGUZIRHSEREREPOZE
RIÖLERTTRESEREQASERNPOLKIWRESE
RILOPIRCDRESEHPOLKITSERTUIXERZEGU
RUTE!

Der Tipp lautet:

_____

_____

AUFMERKSAMKEIT SCHÄRFEN Mit allen Sinnen bei der Aufgabe! Klasse 5 - 10 – Bestell-Nr. 12 801

Lies die folgenden Fantasiewörter laut vor und zähle dabei mit, wie oft die Glocke ertönt.

MINIJUZI	TACORTE	NUZITUBIL	FRAGATAZI
KAREDOSI	MANAHU	KARIPOLI	POLITERET
NUJIOPAS	HASERTO	NULIOPAS	NUKLORIT
LENOTERI	BUHILOPE	GURTESERI	BOLOTZERI
VABERULO	GUHORTE	MANATZE	HUGORITE
LANAMERI	JUTZERITO	FAGERITES	MINIRETIS
BURTETZI	GOHARETI	STABERITI	MONIRETI
ASERTIPOR	FERTIZERI	LAUFERITIS	KASERTIPE
SUBERITO	NASERITZE	LOPERITO	NOMISER
PLANKERO	MATERITO	NASERETE	KARATERI

Das Glöckchen hat _____ mal geläutet.

AUFMERKSAMKEIT SCHÄRFEN Mit allen Sinnen bei der Aufgabe! Klasse 5 - 10 — Bestell-Nr. 12 801

3 Aufmerksamkeitsübungen mit Multitasking-Aufgabe

Streiche alle ⊖ durch. Ertönt das Glöckchen, dann stehe auf und springe in die Höhe, dann setze dich nieder und arbeite weiter.

Das Glöckchen hat _____ mal geläutet.

AUFMERKSAMKEIT SCHÄRFEN   Mit allen Sinnen bei der Aufgabe! Klasse 5 - 10 – Bestell-Nr. 12 801

③ Aufmerksamkeitsübungen mit Multitasking-Aufgabe

Verbinde so rasch wie möglich im Wechsel die Buchstaben und Zahlen miteinander. Beginne mit Z und der höchsten Zahl 26 (also: Z26 – Y25...). Ertönt das Glöckchen dann wechsle zu A-1, B-2,... bis das Glöckchen erneut ertönt, wechsle dann wieder zur höchsten Zahl, bei der du aufgehört hast, usw. Verbinde die Buchstaben des Alphabets so schnell du kannst von A bis Z!

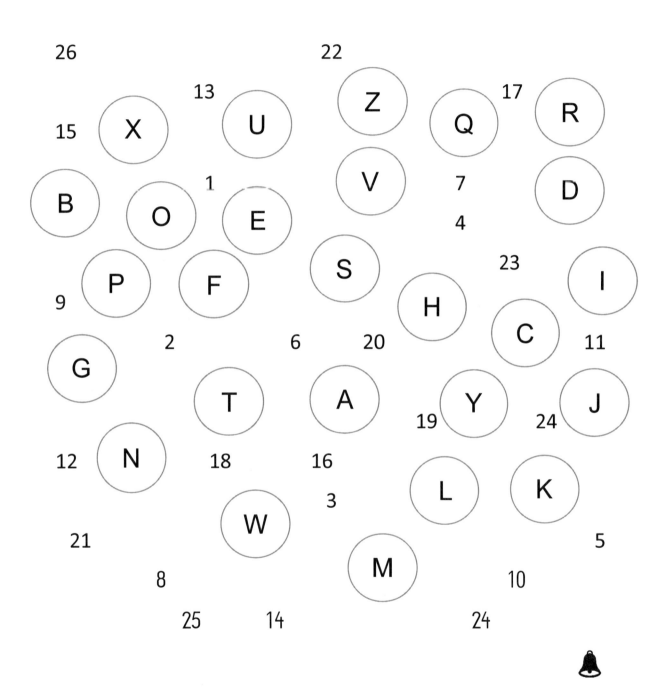

AUFMERKSAMKEIT SCHÄRFEN Mit allen Sinnen bei der Aufgabe! Klasse 5 - 10 – Bestell-Nr. 12 801

KOHL VERLAG

Aufmerksamkeitsübungen mit Multitasking-Aufgabe

Lies die Farbwörter.

Ertönt das Glöckchen, dann sage die Farben, die du siehst.

Ertönt es erneut, dann lies wieder die Farbwörter usw.

blau	grün	rot	braun	gelb	rosa	blau	rot	grau
grün	gelb	grün	rot	rosa	grau	gelb	grün	gelb
braun	rot	gelb	blau	grün	gelb	rot	blau	grau
gelb	grau	blau	gelb	blau	braun	rosa	gelb	rot
rot	gelb	rosa	rot	rot	grau	grün	rot	grün
grau	rot	grün	gelb	grün	rosa	gelb	blau	gelb
grün	blau	gelb	rot	gelb	braun	rot	grün	rot
gelb	rot	gelb	grau	rot	blau	grau	rosa	grün
gelb	grau	rot	gelb	grün	gelb	rot	blau	grün
rot	rosa	grün	rot	rosa	blau	grün	rosa	rot
grün	braun	gelb	grün	rosa	grau	gelb	rot	grün
braun	rosa	grün	blau	braun	gelb	rosa	blau	gelb
rosa	braun	gelb	blau	rosa	braun	grün	rot	grün
gelb	rosa	rot	grau	grün	rosa	gelb	blau	gelb

Bestell-Nr. 12 801

AUFMERKSAMKEIT SCHÄRFEN Mit allen Sinnen bei der Aufgabe! Klasse 5 - 10

③ Aufmerksamkeitsübungen mit Multitasking-Aufgabe

Male rechts neben jede Form die Form, die mit Worten geschrieben steht. Zähle mit wie oft währenddessen das Glöckchen läutet.

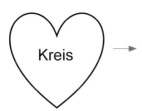 →

 →

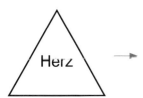 →

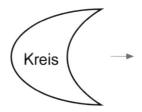 →

 →

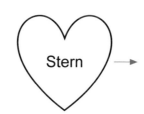 →

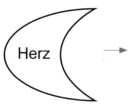 →

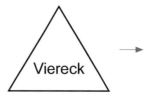 →

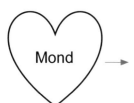 →

 →

AUFMERKSAMKEIT SCHÄRFEN Mit allen Sinnen bei der Aufgabe! Klasse 5 - 10 – Bestell-Nr. 12 801

3 Aufmerksamkeitsübungen mit Multitasking-Aufgabe

Lies jeweils vom größten zum kleinsten Buchstaben.

Wenn das Glöckchen ertönt, dann male den Buchstaben, den du gerade liest, mit einem roten Farbstift an.

ORElKCHSER	ANSAHANBeNCLE
ATRZEENKSTU	BGTESOSSI
TKURAPANR	NTGWAREIN
PNCEKALUHFE	BANZTAEDN
OHGEUVLAS	AUATBERNSFT
TAGUSSAUEBR	LOUBENTPMF
INSTHTCENIS	HLAFECWOSL

Bestell-Nr. 12 801

AUFMERKSAMKEIT SCHÄRFEN Mit allen Sinnen bei der Aufgabe! Klasse 5 - 10

KOHL VERLAG

③ Aufmerksamkeitsübungen mit Multitasking-Aufgabe

Lies jeweils vom kleinsten zum größten Buchstaben.

Wenn das Glöckchen ertönt, dann streiche den Buchstaben, den du gerade liest, mit einem blauen Farbstift durch.

N_{IE}E_NNAH_SB	G_ZZ_{FU}EU_LG
U_{STE}DERAR	PF_{DM}HSF_ACIF
R_{FAH}DRA	N_{SC}GHELZLU
R_{MOT}DORA	S_{AU}BTOU
N_{BH}OAHF	G_FNUH_LAEF
O_VKOM_LOETI	Ä_{KA}IP NT
E_BNSLNIKE_UR	E_{HL}TSLTE_ALE

Bestell-Nr. 12 801

AUFMERKSAMKEIT SCHÄRFEN Mit allen Sinnen bei der Aufgabe! Klasse 5 - 10

Aufmerksamkeitsübungen mit Multitasking-Aufgabe

Zeichne in jedes Kästchen ein Herz. Wenn das Glöckchen ertönt, male einen Kreis in das nächste Kästchen. Dann zeichne weiter Herzen, bis das Glöckchen erneut ertönt, usw.

♡ ♡ ♡ ♡ ◯ ♡ ♡

AUFMERKSAMKEIT SCHÄRFEN Mit allen Sinnen bei der Aufgabe! Klasse 5 - 10 – Bestell-Nr. 12 801

KOHL VERLAG

Aufmerksamkeitsübungen mit Multitasking-Aufgabe

Zeichne in jedes Kästchen ein Quadrat. Wenn das Glöckchen ertönt, schreibe den Anfangsbuchstaben deines Vornamens in das nächste Kästchen. Dann zeichne weiter Quadrate, bis das Glöckchen erneut ertönt, usw.

AUFMERKSAMKEIT SCHÄRFEN Mit allen Sinnen bei der Aufgabe! Klasse 5 - 10 – Bestell-Nr. 12 801

Aufmerksamkeitsübungen mit Multitasking-Aufgabe

Zeichne in jedes Kästchen den Buchstaben A. Wenn das Glöckchen ertönt, schreibe den Anfangsbuchstaben deines Nachnamens in das nächste Kästchen. Dann zeichne weiter Quadrate, bis das Glöckchen erneut ertönt. Dann schreibe den zweiten Buchstaben deines Nachnamens in das nächste Kästchen, dann schreibe wieder so lange den Buchstaben „A" bis erneut das Glöckchen ertönt, dann den dritten Buchstaben deines Vornamens, usw.

A								

AUFMERKSAMKEIT SCHÄRFEN Mit allen Sinnen bei der Aufgabe! Klasse 5 - 10 – Bestell-Nr. 12 801

KOHL VERLAG

Aufmerksamkeitsübungen mit Multitasking-Aufgabe

Nun benötigst du deine ganze Aufmerksamkeit. Zeichne in jedes Kästchen ein Dreieck. Wenn das Glöckchen ertönt, dann mache ein Eck mehr, also ein Viereck. Zeichne dann Vierecke, bis das nächste Mal das Glöckchen ertönt. Dann male ein Fünfeck, usw.

AUFMERKSAMKEIT SCHÄRFEN Mit allen Sinnen bei der Aufgabe! Klasse 5 - 10 – Bestell-Nr. 12 801

③ Aufmerksamkeitsübungen mit Multitasking-Aufgabe

Hier haben sich in jedem Wort zwei Buchstaben zu viel eingeschlichen. Streiche in jedem Kästchen die überflüssigen Buchstaben durch.

Währenddessen hörst du wieder das Glöckchen. Wie oft hast du es gehört?

BATNALNE	KISKSENBEPZUG	GEARTELNHAUS
BÜGEZLEIXSEN	FEJRIENHLAUS	ZEDITSCKHRIFT
MELSONEFNEIS	REOGENBONGEN	HANSDTASCHTE
EISBHÖHALE	TECHRRASSE	SCHKULTAUSCHE
NÄHTMASCHTINE	INSECKTENSJPRAY	SCHNHECKELNHAUS
LEUCGHTTSURM	BELUMENSTARAUSS	BROKMBEJERE
KOCHTTOPSF	LEUACHTKÄUFER	STAURTBLOPCK
SCHWIMMEWESUTE	BILDOERRAHTMEN	KATZTENFUTSTER

Das Glöckchen hat _____ mal geläutet.

AUFMERKSAMKEIT SCHÄRFEN Mit allen Sinnen bei der Aufgabe! Klasse 5 - 10 – Bestell-Nr. 12 801

Aufmerksamkeitsübungen mit Multitasking-Aufgabe

Hier fehlt in jedem Wort ein Buchstabe. Füge den fehlenden Buchstaben mit einem roten Stift dazu.

Während du die Übung durchführst, bitte wieder jemanden einen Ton zu erzeugen. Wie oft hast du den Ton gehört?

FREIEITPARK	TIERGATEN	LATENE
APFELBUM	KATZENMUTTE	KOPFSAND
RUCKSCK	COMPUTERAUS	STRANDKOB
OFEROHR	BANAENSCHALE	FRUCHSALAT
BADETICH	ROSEGARTEN	MUSISCHULE
BILDSCHIR	TAGTASCHE	BALONTÜR
ABENESSEN	LICHTEKETTE	SCHAFWOLL
NASORN	ZITSCHRIFT	SCHOOLADE

Ich habe den Ton _____ mal gehört.

AUFMERKSAMKEIT SCHÄRFEN Mit allen Sinnen bei der Aufgabe! Klasse 5 - 10 – Bestell-Nr. 12 801

KOHL VERLAG

③ Aufmerksamkeitsübungen mit Multitasking-Aufgabe

Suche nach der Buchstabenfolge CxH in der Lupe und kreise sie ein.

Sage wenn du das Glöckchen oder den Ton hörst den Namen deines besten Freundes oder deiner besten Freundin. Arbeite dann weiter, bis das Glöckchen erneut ertönt, nenne dann den Namen eines weiteren Freundes oder einer Freundin, etc.

MeCxHmoplKiuZtgFrECxHbgfhTgfDerStrfCxHmnKluZtCxHgzulöTzCxH
gbvcdeTrzuCxHgzuokKojTrfErCxHbgfdthbCxHgjikoPlöfTbhunhJiuCxd
frtCxGjnCxHjkOplGftrerBvgHumNrtWerbuiOlkbvhCxHbfgTzgFerfbV
NbKmlPölCxHgztFrdErdTnBhZumNolKoCxHnmCxHbfgTzbhOplCxHbn
UiFrErtCxHgztRerDfErCxHjklopLkiUjCxHgtzfErftFCxHgztmKlkugCxHft
GterCxHgzuNjlcCxHgztfeErCxHnjkjhZubCxfgtCxHgzFrErvcCxHjuOkopl
ÖmnUjCxHgtzfRedölPülKjuCxHfebvGtfCdRdCxHgzBnmkopGfvCxHgz
TvCcCxhbCxHgzuKlpkljnCxHgfretvbcCxHngzZuhGtCxHjnlolPCxHgzTf
DetNmbCxHgzUjKolPlkCxHgzTrecCxHgfterDfserCxHnJkOlPkJhZCxklo
CxHjUgRtVdnjkOplCfDxCxfnbCxHjolpÖkUjhCxHgtFeRdCüxHjngrCxHg
ZUNvcGfTcCxHklOnBvcCxhbDrFerDernbiolMhun

AUFMERKSAMKEIT SCHÄRFEN Mit allen Sinnen bei der Aufgabe! Klasse 5 - 10 – Bestell-Nr. 12 801

Aufmerksamkeitsübungen mit Multitasking-Aufgabe

Auf diesem Blatt ist Zahlenfolge 8945 mehrmals versteckt. Kreise sie ein. Wenn das Glöckchen ertönt, sage laut, wie alt du bist. Dann arbeite weiter bis erneut das Glöckchen ertönt, sage dann wieder dein Alter, usw.

34328945673298765389457623894567235098789456238709 87568

94563298945594536486868945638294878945987536478489 45637

28387656894534984563894569042376539894567834214328 94589

32956309457548945329834576894561232439858945912329 84338

94567123298345238768945310975348945678945612329843 45894

56109834988945123298435894561232894562349807453289 45609

23176389456098943218945609231765489456092348945612 89456

12989456123287976289456120945389456109453489451093 48712

98789456231984538945618945621675894509234176589450 92365

43894562198542897658945623894561209453768945621894 56209

56745894562318945623190675348945632498542389456231 98945

63187453489456231985643487645389456234198564894563 98424

38709894562341894563452985689456342985643894562985 68765

89456387450964894563298456345894563984523894562985 42894

56985235798945683458945093428945634098348945 67

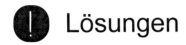

Lösungen

Lösungen gibt es für Übungen mit Lösungswörtern und Fehlersuche. Die restlichen Übungen sind individuell zu lösen.

Seite 6	Aufmerksamkeit, Konzentration, Leseverständnis
Seite 8	Melone
Seite 9	6, 1, 8, 10, 2, 5
Seite 11	GhX 35 mal
Seite 12	Erdbeere
Seite 13	7 mal
Seite 15	24 Paare
Seite 16	GH73 kommt 8 mal vor, FT59 kommt 6 mal vor.
Seite 17	Schokoladekuchen, Strandkorb, Katzenfutter, Schwimmreifen, Bananenschale, Kuchenteller, Blumentopf, Leuchtturm, Rosenbogen, Wasserglas.
Seite 18	Tierfreude
Seite 19	Nicht für die Schule, für das Leben lernen wir. (Seneca) Lernen soll und darf Spaß machen. Lernen ist wie Rudern gegen den Strom, hört man damit auf, treibt man zurück. (Laotse)
Seite 20	7 verschiedene Sternenbilder
Seite 22	2, 5, 1, 4, 3
Seite 27	Grillgemüse, Bratwürstchen, Schokobanane, Kartoffelsalat, Tomatensalat, Schnittlauchsoße, Knoblauchbrot, Stockbrot
Seite 28	Gib jedem Tag die Chance, der schönste deines Lebens zu werden.
Seite 29	Leben ist Zeichnen ohne Radiergummi.
Seite 30	Schaf
Seite 32	Lernen ohne zu denken ist vergebene Müh.
Seite 34	29 mal
Seite 36	Sommer, Koffer, Urlaub, Abend, Sonne, schön.
Seite 37	17 Wintersportkästchen
Seite 38	BLUMENVASE, SCHOKOLADE, VOGELKÄFIG, KINDERGARTEN, APFELKUCHEN, VANILLEEIS, COMPUTERSPIEL, BILDERRAHMEN
Seite 39	Anagramme: Rast, Halm, faul, Ampel, Feier, Regal, Rehe, Wiese, sie, rasch, Stab, Biene, Mode, Lied, Rede, die, roh, Ton, Leib, aus
Seite 40	frisch, mager, lustig, sauer, schlau, winzig, heiter, aufmerksam, sauber, neugierig, falsch, geduldig, fröhlich, lecker, fleißig, spitz, kalt, schmutzig, langsam, schwer
Seite 41	😃😃😃 14 mal ☹☹☹ 14 mal
Seite 47	Das Schöne am Lernen ist, dass dir niemand das Gelernte wegnehmen kann.
Seite 48	Regelmäßige Pausen sind zwischen den Lerneinheiten wichtig!
Seite 54	Reiskocher, Bananenschale, Katzenstreu, Obstessig, Naturpark, Weingarten, Apfelkuchen, Tanzabend, Vogelhaus, Traubensaft, Staubsauger, Blumentopf, Tischtennis, Schafwolle
Seite 55	Eisenbahn, Flugzeug, Steuerrad, Dampfschiff, Fahrrad, Schnellzug, Motorrad, Autobus, Bahnhof, Flughafen, Lokomotive, Kapitän, Buslenkerin, Haltestelle

Seite 60

BANANE	KISSENBEZUG	GARTENHAUS
BÜGELEISEN	FERIENHAUS	ZEITSCHRIFT
MELONENEIS	REGENBOGEN	HANDTASCHE
EISHÖHLE	TERRASSE	SCHULTASCHE
NÄHMASCHINE	INSEKTENSPRAY	SCHNECKENHAUS
LEUCHTTURM	BLUMENSTRAUSS	BROMBEERE
KOCHTOPF	LEUCHTKÄFER	STARTBLOCK
SCHWIMMWESTE	BILDERRAHMEN	KATZENFUTTER

Seite 61

FREIZEITPARK	TIERGARTEN	LATERNE
APFELBAUM	KATZENMUTTER	KOPFSTAND
RUCKSACK	COMPUTERMAUS	STRANDKORB
OFENROHR	BANANENSCHALE	FRUCHTSALAT
BADETEICH	ROSENGARTEN	MUSIKSCHULE
BILDSCHIRM	TRAGTASCHE	BALKONTÜR
ABENDESSEN	LICHTERKETTE	SCHAFWOLLE
NASHORN	ZEITSCHRIFT	SCHOKOLADE

AUFMERKSAMKEIT SCHÄRFEN Mit allen Sinnen bei der Aufgabe! Klasse 5 - 10 – Bestell-Nr. 12 801

KOHL VERLAG